AF216495

Bestellungen unter: 0041 79 439 57 36

ISBN: 978-3-7481-7160-7
Herstellung und Verlag: BoD - Books on Demand,
Norderstedt

Gewidmet

All den Frauen und Männern, die dieses schöne Hobby mit mir teilen.

All den Menschen, die mich mit meinem Hobby akzeptieren, auch wenn sie mein Hobby nicht teilen.

Meinen besonderen Jungs, danke für Eure Toleranz meinem Hobby gegenüber, auch wenn ihr öfters mal darauf angesprochen werdet.

Meinem guten Kollegen Raffi, der meine Karten entworfen hat und meine Homepage neu gestaltete, Du hast genau meinen Geschmack getroffen.

Herzlichen Dank an meine liebe Freundin Gabi, die nichts mit Reborns zu tun hat, aber immer mein Buch Korrektur liest.

Und zuletzt Danke an meinen wunderbaren Sohn Bryan, der jedes Mal dafür sorgt, dass mein Büchlein im Handel erscheint und dieses Mal brauchte er besonders Nerven.

Inhaltsverzeichnis

EINLEITUNG 5

WAS SIND REBORN BABYS? 7
   BABYS AUS VINYL...7
   TODDLER 10
   BABYS AUS SILIKON 10
   REBORN REALLIFE BABY 11
   REALBORN..11
   CUDDLE BABYS..11

WARUM HABE ICH REBORN BABYS 12

ANKUNFT SILIKONBABY JACOB............................15

ARTIKEL IN DER ZEITSCHRIFT „LISA" 16

AUS ALT MACH NEU… SOWOHL IN DER NURSERY, ALS AUCH IM WOHNZIMMER. 17

ABSCHIED VON BRYAN UND JULIEN 19

UMZUG MEINER NURSERY 20

EIN WEITERER ENGEL-JULIEN.............................22

REBORN BOUTIQUE ECKE IN DER SHABBY CHIC GARAGE 27

ERÖFFNUNG REBORN BOUTIQUE ECKE.............28

29. APRIL 2018 28

EINBLICKE ARTIKEL IN DER ZEITSCHRIFT: LUST AUF MEHR 2. MAI 2018 31

REPORTAGE IM BLICK AM ABEND ONLINE 32

EINBLICKE IN MEINE REBORN BABY HÄKELKOLLEKTION UND RAFFI'S DESIGN 33

KRISE IN DER NURSERY 34

WEIHNACHTEN IM JUNI? 39

SCARLETT GENIESSE ICH VORERST FÜR MICH 41

WIE GEHTS WEITER IN DER NURSERY UND IN MEINEM
LEBEN? 45

IM JULI 49

ICH HOLE LIAM VON BONNIE BROWN AB.... 52

    LIAM IN LOVE 54

AUGUST INTERNER UMZUG UND PAUSE 57

SEPTEMBER LIAM UND LOGEN KOMMEN ZURÜCK..... 59

OKTOBER: DIE NURSERY WIRD UMGESTELLT; MINI
NURSERY KOMMT ETC. 61

NEUE NURSEY 64

ADVENTSZEIT UND APERO 65

WAS MÖCHTE ICH FÜR'S NEUE JAHR? 68

AUSBLICK AUF 2019 68

MEINE LIEBEN 69

BEDEUTENDE STATIONEN MEINER NURSERY 70

Einleitung

Für diejenigen, welche mich noch nicht kennen und vielleicht zufällig auf dieses Büchlein gestoßen sind.

Ich habe Anfang dieses Jahres mein erstes Sabine's Nursery Büchlein rausgebracht, indem ich in erster Linie über das Hobby schrieb und wie ich zu meiner Nursery kam.

Ich heisse Sabine, bin 52 Jahre alt, seit 9 Jahren alleinerziehende Mutter eines 21 und bald 17 jährigen Sohnes. Ich habe nichts nachzuholen, was die Baby- und Kinderzeit meiner Jungs angeht. Ich geniesse einfach dieses wunderschöne Hobby mit all den verschiedenen Facetten.

Ich hatte auch das unglaubliche Glück, nie ein Baby verloren zu haben, bin also keine Sternenkind Mami, aber 3-fache Sternenkind Schwester, dass heisst ich muss auch nichts mit den Reborn Babys aufarbeiten. Aber wenn Reborn Babys Frauen helfen können, die irgendetwas kompensieren oder aufarbeiten müssen, ist das meiner Meinung nach eine wunderbare Sache. Sie schadet niemandem, kann aber so viel bringen.

Mein Ziel ist es, dass jede Frau/jeder Mann die oder der sich ein Reborn Baby wünscht, bedenkenlos eines haben kann und dieses Hobby leben darf, ohne Angst haben zu müssen, angepöbelt zu werden.

Leider bekomme ich immer wieder mit, dass Reborn Freundinnen ihren Kanal löschen oder auf privat stellen, weil ihre Kinder auf dieses Hobby der Mutter angesprochen und deshalb gemobbt wurden.

Das ist einfach nur traurig und eigentlich nicht nachvollziehbar in der heutigen, doch so toleranten Gesellschaft.

Ich habe also einen Youtube Kanal unter Sabine'sNursery, auf welchem ich Rollenspiele mit den Reborn Babys zeige. Dort lasse ich euch am Leben in meiner Nursery teilhaben und gebe immer wieder Einblicke in mein Privatleben.

Was sind Reborn Babys?

Babys aus Vinyl

Reborn Babys sind Puppen, die wie echte Babys aussehen, sofern sie gut gemacht sind. Sie haben die Grösse und das Gewicht eines echten Babys.

Eine Künstlerin formt aus „Knete" einen Kopf, Arme, Beine und manchmal eine Bauchplatte mit oder ohne Geschlecht. Dann lässt sie diese Teile in einem komplizierten Prozess in eine Gussform umarbeiten. So können beliebig viele Bausätze gegossen werden. Die meisten bringen jedoch eine limitierte Auflage heraus, und erhöhen so den Wert jedes einzelnen Bausatzes.

Dann kaufen Reborner/innen, das sind Künstlerinnen und Künstler, diese Bausätze und rebornen sie. Die Bausätze zu rebornen bedeutet, sie in ein möglichst echt aussehendes „Baby" zu verwandeln.

Diese Vinyl Teile werden gewaschen und getrocknet (entfettet) und dann in vielen Schichten mit Farben „bemalt". Es werden feine Äderchen gezeichnet, damit ein möglichst echt aussehendes Hautbild entsteht.

Es gibt zweierlei Farben. Acrylfarben sind lufttrocknend und wasserlöslich. Genesis hingegen haben eine Ölbasis, benötigen einen Verdünner und müssen im Ofen getrocknet werden. Bei den eingebrannten Farben kann man gut mit einem feuchten Waschlappen die Babys reinigen, bei den Luft getrockneten eher nicht. Es sei denn, sie sind versiegelt worden.

Es gibt Schlafbabys und Wachbabys. Hochwertige Reborns bekommen mundgeblasene Lauschaer Glasaugen, welche auch als Prothesen bei Menschen verwendet werden. Wenn es ein Wachbaby ist, werden diese Augen eingesetzt und sorgfältig von innen mit Kleber fixiert.

Augenbrauen kann man malen oder rooten, sowie die Wimpern kleben oder rooten. Das Näschen kann geöffnet werden (mit dem Bohrer werden die Nasenlöcher gebohrt) oder schattiert.

Dann bekommt das Reborn Baby meist einen Magnetschnuller. Das heißt, ein Magnet wird im inneren des Kopfes, auf der Höhe des Mundes, mit Kleber angebracht. Ein zweiter Magnet wird im Schnuller verarbeitet, so dass dieser ohne Hilfe am Mund bleibt. (Achtung bei Herzschrittmacher).

Es gibt zwei Varianten: Man nimmt einen ganz normalen Schnuller und schneidet den Gummi vorne ab und klebt an diese Stelle den Magneten oder man nimmt einen Reborn Baby Schnuller. Diese haben am Schnuller ein Fach, in welches man den Magneten reinlegen kann. Oder solche, wo der Magnet schon fix drin ist.

Diese haben den Nachteil, dass man sie nur nehmen kann, wenn man selber den Magneten in den Kopf macht und ihn nach dem Magnet im Schnuller ausrichtet. Hat man schon ein Reborn Baby mit Magnet, dann passt der Schnuller oder eben nicht (Magnete müssen sich anziehen).

Dann kommt die Frage der Haare. Entweder werden die Haare gepaintet oder gerootet. Wenn sie gerootet werden, werden sie im Innern verklebt.

Nun wird das Baby mit entsprechendem Füllmaterial gefüllt, gewichtet und zusammengebaut. Danach wird das Baby gemessen, gewogen und Babykleider werden angezogen. Man zieht Reborn Babys immer der Jahreszeit entsprechend an.

Es kommt drauf an, ob wir einen Vinyl Körper oder einen Stoffkörper haben, da gibt es verschiedene Füllarten. Aber auch Vollvinyl Babys dürfen nicht gebadet werden.

Toddler

Sind grössere Reborn Puppen, welche wie kleine Kinder aussehen. Meist haben sie gerootete Haare. Vor allem die Mädchen, damit man sie kämen und frisieren kann. Es gibt sehr unterschiedliche Haarqualitäten, je besser die Qualität desto besser das Resultat.

Es gibt unterschiedliche Techniken, wie Haare gerootet werden. Wenn Jemand das sehr gut kann, sieht das Baby oder der Toddler einfach echter aus.

Ich persönlich mag gepaintete Haare lieber, aber das ist Geschmackssache. Ausser mein Toddler Annie, sie hat blonde, gerootete Haare.

Babys aus Silikon

Auch da gibt es verschiedene Varianten. Es gibt die sogenannten Teilsilikon Babys. Da sind nur der Kopf, die Arme und die Beine aus Silikon. Der Körper ist aus Stoff. Dann gibt es Vollsilikon Babys, wo das ganze Baby aus Silikon ist. Es gibt verschiedene Silikonstärken.
Das Baby kann aus einem Stück gegossen sein oder der Kopf wurde separat gegossen, dann kann er gut gedreht werden.

Silikon ist schwer, darum sind diese Babys oft schwerer als Rebornbabys. Deshalb bevorzuge ich persönlich kleine Babys. Das Highlight! Es gibt Silikonbabys mit Drink und Wet Funktion. Das heißt, es kann mit dem Fläschchen trinken und Pipi machen.

Silicone Babys kann man baden, muss sie aber danach gut abtrocknen und am ganzen Körper einpudern. Falls man ein Milchfläschchen gibt, muss man danach gut mit Wasser nachspülen, damit nichts an Milch Resten im Körper bleibt.

Reborn Reallife Baby

Das sind Reborn Babys, welche nach einem Foto hergestellt wurden.

Realborn

Echte Baby's werden eingescannt und mit einem 3D Drucker gedruckt. Daraus wird dann eine Gussform hergestellt, um dann normale Bausätze giessen zu können.

Cuddle Babys

Das sind Babys, bei denen nur der Kopf aus Vinyl ist. Der Körper, die Arme und die Beine sind aus Stoff.

Warum habe ich Reborn Babys

Von Kindheit an war ich fasziniert von Babys und kleinen Kindern. Ich schlenderte schon damals gerne durch die Babyabteilungen der Kaufhäuser und konnte mich gar nicht sattsehen an all diesen Stubenwagen, Babykleider etc.

Mir waren damals, ich bin 1966 geboren, die Babypuppen, die es zu kaufen gab, einfach zu unecht. Die sahen nicht aus wie Babys, also spielte ich mit meinem Teddy, der Größe 56 hatte, während meine Freundinnen mit ihren Puppen kamen. Mir war das lieber, da sah man auf einen Blick, dass dies kein Baby ist. Cedric, wie er hiess, hatte Babykleider, Stiefel, einen Skidress etc.

Er war damals mein Baby. Heute sitzt er auf meinem Sofa und genießt das ruhige Leben. Er ist jetzt 51 Jahre alt… mit vielen Gebrauchsspuren. Obwohl meine Mutter- sie war Schneiderin- ihn als ich so 12 Jahre alt war, neu mit Teddystoff überzog.

Dann mit 32 bekam ich meinen ersten Sohn. Das war die Erfüllung meiner Träume. Vier Jahre später, kam Julien und mein Glück war perfekt. Ich war/bin Mutter aus Leidenschaft. Als mein jüngerer Sohn 1 Jahre alt wurde, kaufte ich ein Strickheft. Auf dem Titelblatt war ein Baby und darunter stand: Reborn Baby.

Ich wusste damals, vor 15 Jahren, nicht, was es war und googelte es. Ich fand mich auf einer Seite wieder, mit wunderschönen Babypuppen, welche vom Aussehen her nicht von echten Babys zu unterscheiden waren.

Bald bestellte ich das Erste und im Laufe der folgenden 15 Jahre, kamen und gingen so einige Reborns.

Ich habe nie mehr als 8 Stück, das hat mit dem Platz zu tun und auch mit dem Finanziellen. Ich möchte den Überblick haben. 5 bis 8 Stück kann man handeln... sie umziehen von Zeit zu Zeit, ihnen was Neues zum Anziehen kaufen etc.

Sie nur als Ausstellungsstück zu haben, ist nicht meins.

2015 ging ich dann auf Youtube und habe viele gleichgesinnte Reborn Mütter/ Väter kennenlernen dürfen. Ich mache Rollenspiele auf Youtube und gehe ab und zu mit einem Reborn Baby spazieren. In meinem Zimmer/Atelier ist eine Ecke mit Babymöbeln und meine kleine Reborn Familie.

Ich liebe mein Hobby. Ich ergänze es mit meiner Reborn Baby Häkelkollektion, mache diese Müttertreffen, schreibe an meinem Buch und wer weiss, was noch alles kommt.

Eine liebe Reborn Mami schrieb mal unter mein Video etwas, dass ich sehr schön und treffend fand.

Ich stelle ja öfters meine Nursery um und dann finde ich es in diesem MOMENT total passend, aber kurze Zeit später habe ich vielleicht eine neue Idee und stelle wieder um.

Genau so ist es, wenn man ein Reborn Baby bekommt. In dem Moment ist es, wenn es gut geht, genau das Baby, das man sich gewünscht hat. In dem Moment empfindet man es auch so. Auch wenn es dann in ein paar Monaten anders aussieht. Eine Nursery ist nun mal eine Entwicklung.

Ankunft Silikonbaby Jacob

Er ist von Lorraine Boisvert aus Canada. Sie ist auf Facebook zu finden.

Jacob kam im Januar zu mir und mit ihm ging ein grosser Traum in Erfüllung. Jacob ist ein Voll-Silikon Baby. Das bedeutet, sein ganzer Körper ist aus Silikon. Er hat ein Drink und Wet System. Er hat einen Schlauch im Körper, mit dem er trinken und Pipi machen kann.

Artikel in der Zeitschrift „LISA"

Anfang Februar 2018, kam in der Zeitschrift LISA ein Artikel über mich und meine Nursery. Ich fand den Artikel wirklich gut geschrieben. Ich bin der Redaktorin sehr dankbar, dass sie es im Großen und Ganzen so wiedergab, wie ich es ihr erzählt habe. Da hatte ich schon ganz andere Erfahrungen mit Journalisten.

Aus alt mach neu… sowohl in der Nursery, als auch im Wohnzimmer.

Alles fing damit an, dass ich noch in einem Lager ein paar Sachen von mir eingestellt hatte die ich holen musste. Das meiste landete in der Verbrennung, aber einzelne Teile habe ich mitgenommen. Unter anderem Julien's damalige Spielküche, die ich inzwischen renoviert habe.

Ich wollte die Farben passend zu meiner Nursery machen. Es machte mir solchen Spaß, dass ich mich auch an die Wohnzimmermöbel wagte.

Ich kaufte vor 9 Jahren, als wir auszogen, komischerweise alles in Brauntönen und das konnte ich schon lange nicht mehr sehen. Neue Möbel kamen aus finanziellen Gründen nicht in Frage. Also kaufte ich weiße Farbe, um allem einen Shabby Chic Look zu verpassen. Ich liebe seit langem diesen Landhausstil.

Das Wohnzimmer ist ganz toll geworden. Nach vielen Stunden Arbeit und x Tuben Farbe ist alles so, wie ich es mir gewünscht habe.
Ich bin glücklich, dass ich mich traute, es auch bei den großen Möbeln zu versuchen, nachdem der Kinderherd so toll geworden ist.

Abschied von Bryan und Julien

Ursprünglich war meine Idee, dass wenn meine Jungs mal ausziehen, ich ihnen zu ihren Babyalben ein Reborn Baby mitgebe, das aussieht wie sie als sie klein waren. Zufällig hat Olga Auer, deren Babys ich über alles Liebe, die Bausätze Angel und Anastasia rausgebracht.

Ich ließ also Anastasia in England von Sam's Reborn Nursery nach einem Foto von Julien machen. Angel, also mein Bryan, fand ich in Ebay und bekam dadurch eine tolle Freundin. Ich zog die Beiden eigentlich nur bei Jahreszeitenwechsel um und pflegte sie.

Dann irgendwann dieses Jahr, dachte ich, ich habe Jungs und die haben ja mit Reborn Babys nichts am Hut. Also sind sie vielleicht auch gar nicht begeistert, dass ich Ihnen eine Puppe zum Auszug schenke. Das ich mal eine Schwiegertochter bekomme, die dasselbe Hobby hat wie ich, ist eher unwahrscheinlich. Also gab ich sie zur Adoption frei und beide fanden innert einer Woche eine neue Mami.

Julien ist sogar bei einer Reborn Freundin von mir. Es ist gut so, wie es ist. Die beiden waren zu schade, um einfach nur dazuliegen. Ich habe wieder etwas Geld und zwei Plätze frei, für neue Reborns. Ich nehme mir Zeit, aber ich suche einen Toddler Jungen zwischen 65 und 70 cm der sehr echt aussieht. Das kann dauern, da es bei den Toddlers viel mehr Mädchen auf dem Markt gibt als Jungs.

Umzug meiner Nursery

Ich hatte ja die Idee, meinen Traum von einem separaten Nursery Zimmer zu verwirklichen. Indem ich die Rebornecke in meinem Zimmer auflöste, die Nursery in die Esszimmer Ecke machte und mit Schränken die Küche abtrennte - konnte ich mir diesen Traum verwirklichen.

Die Hinterseite der Schränke machte ich mit schwarzem Samtstoff schön, den ich annagelte. Das Esszimmer kam in mein Zimmer/Wohnzimmer. Bald merkte ich aber, dass ich gar nichts mehr von meinen Reborns hatte.

Die waren einfach abgestellt in der Nursery. Zuerst dachte ich, es liege nur an den dunklen Schränken und malte diese weiß an. Aber kurz vor Ostern bat ich meinen Sohn, mir zu helfen, die Nursery wieder in mein Zimmer zu machen.

Aus dem kleinen Nurseryzimmer machte ich eine Lunch Ecke mit Esstisch und Stühlen, Kamin und Sofa offen zur Küche.

UNSERE LUNCHECKE……

Mein Zimmer wurde zum Atelier und Reborn Nursery. Hier male und häkle ich an meiner Reborn Baby Kollektion. Außerdem erfreue ich mich an den Reborns, welche ja auch ein Stück weit Dekoration sind. Und ich schreibe an meinem Buch.

Ein weiterer Engel-Julien

Ich stöberte, wie so oft, abends durchs Internet, um zu
sehen, was es für neue Bausätze gibt. Wer welchen
Bausatz wie ge-rebornt hat etc. Dann plötzlich, viel mein
Blick auf ein Baby, von Sandra Faber. Der Bausatz
Teddy… mein Herz war sofort verloren. Es war ein
Junge, etwa 50 cm gross. Er weckte in mir ganz viele
Erinnerungen an die Babyzeit von Julien. Ich las immer
und immer wieder die Beschreibung durch, sah mir
etliche Male die Fotos an und machte ihn auf die
Beobachtungsliste.

Ich ging zu Bett, löschte das Licht und sagte mir, dass ich ja eigentlich gar kein Baby in Größe 50 suche. Ich hab Jonah und Jakob die so 46/48 und 50 tragen können, und die Kleinkinder George und Annie. Eigentlich bin ich komplett… Aber ich konnte nicht einschlafen. Man konnte für ihn nicht bieten und ich dachte mir, was ist, wenn ihn heute Nacht jemand kauft?

Ich machte das Licht wieder an, las nochmals die ganze Beschreibung und schaute Foto für Foto an und drückte auf „sofort kaufen". Glücklich und auch etwas unsicher, ob er in Wirklichkeit auch mein Herz im Sturm erobern würde, schlief ich ein.

5 Tage danach kam er aus England bei mir an. Es war ein Tag, an dem ich auswärts an einem Kurs war. Als ich heimkam, stand die Schachtel in der Nursery. Es war zwei Wochen vor meinem 52. Geburtstag und da ich ihn mir selber schenkte, konnte ich ihn guten Gewissens auspacken.

Ich wollte nicht warten und auch kein öffentliches Box-opening machen. Ich öffnete vorsichtig, mit Herzklopfen, die Schachtel und dachte, was wenn er nur gut fotografiert wurde?

Mein erster Blick viel auf das Seidenpapier und der zweite auf ein wunderschönes, rundes Babyköpfchen und mein Herz war verloren.

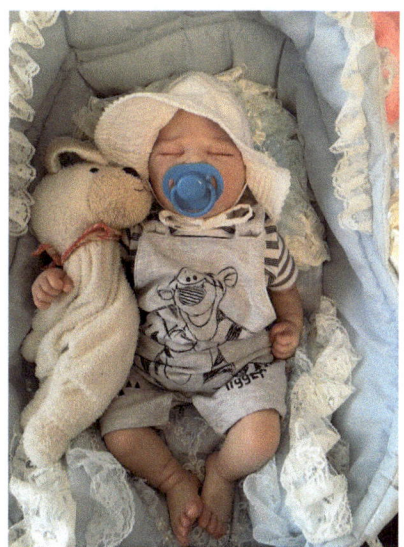

Er ist total süss und so knuffig, hat ein etwas grösseres Köpfchen im Vergleich zum Körper und diese Speckärmchen und Beinchen, ich konnte mich gar nicht sattsehen. Ich bin froh, dass ich ihn in jener Nacht gekauft habe.

Manchmal kommt unerwartet ein großes Geschenk. Ich hatte nicht viel Zeit, für die Vorbereitungen. Als er ankam, war Wuffi parat. Wuffi ist der Plüschhund, den mein Sohn in 6-facher Ausführung hatte. Ich habe ihm diesen Wuffi zur Geburt gekauft und von Anfang an überall hingelegt, wo er auch war.

Und es klappte, Julien hing total an diesem Wuffi. Also ging ich in das Geschäft, wo ich den damals kaufte, und fragte nach einem Zweiten als Reserve.

Julien war ca. 1/2 Jahr alt. Die Verkäuferin meinte, sie müsse schauen, ob sie den noch nachbestellen kann. Es handelte sich wohl um ein 2000-er Modell und Julien kam 2002 zur Welt. Ich fragte, wie viele noch an Lager wären. Sie sagte 5 Stück könne sie noch bestellen, also nahm ich alle 5 in Reserve.

Julien wollte nie ein anderes Plüschtier, als seinen Wuffi der kam überall hin mit. Ich hab das bei ihm so gemacht, weil sein älterer Bruder bis er 4 Jahre alt war, nie ein Lieblingsplüschtier hatte.

Er hatte zwar viele, aber keiner gefiel ihm. Bis er an einer Messe einen Affen sah, den er unbedingt haben wollte. Ich sagte ihm, es sei das letzte Plüschtier, das ich ihm kaufe, weil ich dachte, es liegt nach 2 Tagen bei all den Anderen. Aber nein, diesmal war es das Richtige und half ihm über manchen Sturm hinweg. Das war eine kleine Zeitreise in die Babyzeit meiner Jungs und die Geschichte von Wuffi.

Rebornbaby Julien schläft im Moment in der hellblauen Tragetasche. Er trägt die Schnullerkette, die mir damals meine Freundin Nadja schenkte, als ich meinen ersten Julien bekam.

Dieser lebt nun bei ihr zu Hause. Irgendwie schließt sich immer der Kreis. Kleider hat Julien genug, er trägt Größe 50 und da hängen etliche von Jacob und Jonah im Schrank.

Obwohl Jonah eher 46/48 bräuchte, gehen ihm die 50-er Outfits auch. Sie sind halt etwas zu groß, was aber bei einem so kleinen Baby in echt genau so wäre.

Der Stand vom April 2018 sind also Toddler Annie, Toddler George, Baby Jonah und Silicone Baby Jacob, sowie der Neuzugang Julien.

Ich bin so gespannt, was noch alles kommt in diesem Jahr. Letzte Woche war auf Blick online eine gute Reportage von mir und meinen Reborn Babys. Ich habe es zuerst aber nicht in Facebook oder den Gruppen gepostet, weil es auf Schweizerdeutsch war und meine deutschen Freunde wahrscheinlich Mühe gehabt hätten, mich zu verstehen.

Aber als mich eine Reborn Mami fragte, ob sie es teilen kann, postete ich es auch auf meinem Facebook Profil. Leider war der Titel etwas doof. Er hieß: Sabine teilt ihren Alltag mit Reborn Babys. Ich teile nicht mit ihnen meinen Alltag, sondern sie sind mein Hobby. Ein Fußballer teilt auch nicht sein Leben mit dem Ball. Entweder ist es sein Hobby oder sein Job.

Reborn Boutique Ecke in der Shabby Chic Garage

Bei uns im Haus wurde eine Wohnung frei und ich bewarb mich für die Garage, die ebenfalls frei wurde. Ich bekam sie aber nicht, weil sie die zur Wohnung als Bonus anbieten wollen. Ich war enttäuscht und dachte, meinen Traum von der kleinen Reborn Baby Boutique mit Müttertreff sei nun vorläufig gestorben.

Aber ich hatte grosses Glück. Im selben Haus haben wir ein Kosmetikstudio mit integrierter Shabby Chic Boutique. Ebenso gehört eine ausgebaute Garage dazu. Susanne, die Inhaberin, war so lieb und bot mir eine Ecke für meine Reborn Baby Häkelkollektion und mein Reborn Baby Zubehör an.

Wir machen dort jetzt regelmäßig Events von Reborn Mütter-Treffen, bis Frauen Cüpli Abende mit Boutique Zugang. Ein Event wird sicher ein Nachmittagsspaziergang sein, mit Rebornbabys und anschliessendem Snack in der Garagen Boutique, oder ich nehme das Picknick für alle mit.

Eröffnung Reborn Boutique Ecke

29. April 2018

Am Sonntag 29. April hatten wir unsere „Eröffnung". Das erste Event, in welches ich meine eigenen Sachen integrierte.

Ich kaufte Sekt, Mineralwasser, Orangensaft und machte Muffins. Annie sass im Schaukelstuhl und Julien lag im Babywagen, zusammen mit Jonah. George sass vorne.

Kurz nach 14 Uhr kamen zwei Reborn Mamis mit Ihren Babys im Kinderwagen. Darauf folgte eine Reborn Mami mit Baby und Ehemann und zwei Frauen mit Unikat Babys. Kurze Zeit später kam meine Freundin vorbei, ohne Reborn. Schön, wenn auch Menschen an diese Anlässe kommen, die nichts mit dem Hobby zu tun haben.

Wir tranken ein Gläschen Sekt und redeten darüber, was man noch für Anlässe machen könnte. Ein Vorschlag war, einen Reborn Baby Flohmarkt zu organisieren, bei welchem man Sachen verkaufen oder tauschen kann. Der nächste Event, welchen ich organisiere, wird an einem Sonntagmorgen sein. Ich plane einen Spaziergang mit Babywagen oder Tragetuch und ich nehme für alle ein Picknick mit.

Der Anlass wird am Sonntag den 17. Juni sein. Ich mache jetzt die Einladungen, poste es auf Facebook und auf meinem Blog. Ich freue mich und bin gespannt, wer kommt.

 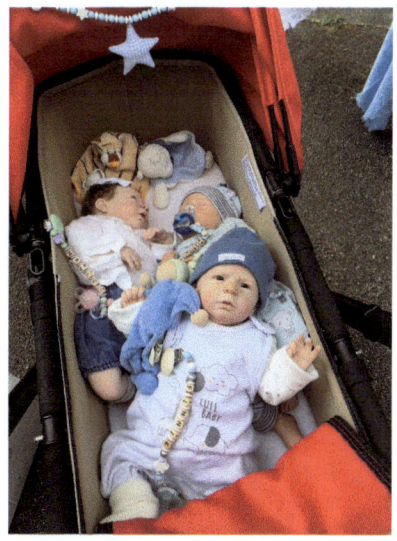

Einblicke Artikel in der Zeitschrift:
Lust auf mehr 2. Mai 2018

Ein ganz toller Artikel - vielen Dank

Reportage im Blick am Abend online

Zweifache Mutter aus Reinach BL teilt ihren Alltag mit Reborn Babys

Warum Sabine Buncak (52) mit Puppen spielt

36 Reax, 393 Views

Sabine Buncak (52) aus Reinach BL hat ein aussergewöhnliches Hobby. Die alleinerziehende Mutter von zwei Söhnen lebt mit sechs Kunstoff-Babys zusammen. Sie badet, wickelt und füttert die lebensechten Puppen und geht sogar mit ihnen spazieren. Im Video erklärt Sie ihre Leidenschaft.

Ich teile mein Leben nicht mit Reborn Babys - sie sind mein Hobby...

Einblicke in meine Reborn Baby Häkelkollektion und Raffi's Design

Raffi kennen die meisten. Er war bekannt als Rachel und eine/ein hervorragende/r Reborner/in. Da er aber viel auf Reisen ist, ist das Rebornen eher schwierig.

Also hat er sich auf das Erstellen von Webseiten spezialisiert. Er gestaltet auch Visitenkärtchen, Geburtsurkunden und Roll-Up Banner für Rebornerinnen und andere Firmen.

Für mich hat er ein wunderschönes Design für meine Kärtchen entworfen. Sie kommen mit an die

Häkelarbeiten und er hat meine Homepage komplett überarbeitet. Ich bin sehr glücklich, dass nun Sabine'sNursery ein einheitliches Design hat. Raffi hat genau meinen Geschmack getroffen, verspielt, romantisch und edel.

Krise in der Nursery

Wie soll ich beginnen… es ist Pfingsten und ich stecke seit ca. 3 Wochen in einer Krise. Ich habe das Bettchen quer gestellt und alle Kleider im Schrank und Wickeltisch sortiert.

Ich habe George und Julien im Babybett, das Klinikbettchen mit Jonah in der Ecke und hinter dem Bettchen sitzt Annie auf ihrem Stuhl vor der neu gemachten Küche eher als Deko.

Jakob liegt seit 3 Wochen im kleinen Stubenwagen und wird nicht „bespielt".

Keine Ahnung warum. Er ist perfekt. Er hat ein Drink und Wet System, absolut keine Fehler und ich habe ihn nur einmal gebadet. Einmal geschaut, ob das Pipi machen geht, aber nur mit Wasser nicht mit Milch. Er ist also neu. Ich schaue ihn mir immer wieder an.

Er ist perfekt. Trotzdem mach ich nichts mit ihm. Seit Julien da ist, hat sich so viel verändert. Er erinnert mich ganz stark an meinen Julien, als er ein Baby war. Dieses Reborn ist gut gemacht, aber es ist nicht so, dass man jetzt sagen muss, der ist oberste Weltklasse. Er hat 3/4 Arme und Beine, was beim Wickeln gut sichtbar ist und trotzdem hat er mein Herz im Sturm erobert.

Wenn ich bei seinem Bettchen (er liegt mit der Tragetasche in Georg's Bettchen) so durchlaufe und hinein schaue, wird mir warm ums Herz. Bei George ist es genauso.

Er ist ebenfalls nicht nach dem höchsten Standard ge--rebornt, aber auch er hat damals mein Herz sofort erobert und er bleibt sicher für immer hier, weil er zu meiner Nursery gehört.

Jonah ist mein ganz kleines Baby. Auch er hat tief in meinem Herzen seinen Platz und wird dimmer bleiben, so Gott will.

Anfang Jahr etwa, kam der Bausatz Liam, von Bonnie Brown heraus. Ich habe alle neuen Bilder von ihm verschlungen.

Jeder Liam war anders und ich habe mich immer in diese klein Jungen Version mit den Löckchen verliebt. Leider wurde keiner für mein Budget verkauft. Noch heute geht mir dieser Bausatz nicht aus dem Kopf. Ich könnte mir vorstellen, wenn ich einen finde, bei dem es Liebe auf den ersten Blick ist, dass bei mir noch ein Liam einzieht. Er würde das Ganze abrunden.

Ich mache im Moment auch weniger Videos, ich weiss gar nicht, was ich filmen soll. Das zweite Müttertreffen ist bereits in Planung.

Ich wollte einen Spaziergang Ende Juni organisieren. Ich wollte für alle ein Picknick richten, die Route mal ablaufen und einen hübschen Platz finden etc. Aber kaum war die Einladung draussen, kamen diverse Mails. Die einen wollten zu viert kommen und ihr Essen selber mitbringen. Die anderen waren anderweitig schon verplant oder hatten kein Auto, was auch immer.

Ich hab es dann umgeändert in einen Spaziergang, bei dem jeder sein Essen selber mitbringt. Es gibt aber noch wenig konkrete Anmeldungen. Ich warte noch 2-3 Tage und wenn es nicht wirklich mehr sind, sage ich ab. So bringt es ja nichts und jeder kann dort spazieren gehen, wo er will. Also eine kleine Ernüchterung.

Ich wollte einen tollen 2. Event machen, aber anscheinend möchten die Leute sich eher irgendwie unverbindlich treffen. So habe ich mir meine Events nicht vorgestellt. Ich wollte Themen-Events machen, die ich organisiere und wer Lust hat und sich angesprochen fühlt, meldet sich an. Wer nicht, auch ok, den spricht vielleicht der nächste Event mehr an. Aber ich habe eigentlich keine Lust auf abgeänderte Events.

Ich habe dieses Jahr noch einen Flohmarkt geplant, bei dem jede ihre Sachen bringen kann, die sie nicht mehr will. Man tauscht untereinander oder verkauft günstig.

Das mit der Garagen Boutique ist auch schwieriger als gedacht. Meine Kollegin schließt ihren Kosmetiksalon bei uns im Sommer und zieht in ein anderes Dorf. Ich werde wahrscheinlich meine Häkelkollektion wieder in die Wohnung nehmen und in der Kommode versorgen, sodass nur die Secondhand Kleider und die neuen Kleider in der Garagen Boutique bleiben.

So viel zur Krise in der Nursery.

Dazu kommt, dass ich privat auch im Umbruch bin. Ich habe meinen Kleiderschrank total ausgemistet. Alles, aber auch wirklich alles was ich nicht regelmäßig anziehe, packte ich in Säcke für die Berghilfe.

Dann ging es weiter durch die Kommoden und das Eckpult. Da füllte sich nochmals ein 35 Liter Sack. Danach ging es mir um so vieles besser. Eigentlich war mein guter Kollege Raffi der Auslöser. Er reist viel umher und hat nur noch ganz wenig, was er dabei hat oder bei seiner Mutter in einer Kiste lagert.

Das fand ich so toll, dass ich, was meine Sachen anbelangt, total am Abbauen bin. Es macht mich frei und glücklich. Ich bin gerade nicht am Häkeln für meine Boutique, sondern an einer grossen Decke für mein Sofa. Das ist wie eine Meditation.

Ich häkle da und kann einfach meinen Gedanken nachhängen, das tut gut. Eigentlich könnte man sagen, ich sei auf dem Weg back to the roots.

Heute geht es nochmals an den Schrank, um die Handtaschen und Rucksäcke auszusortieren. Da will ich nur noch eine Handtasche, eine Geldbörse, einen Rucksack und eine Reisetasche haben. Ich halt euch auf dem Laufenden, was meine Krise und den Weg daraus betrifft.

Es gehört zu mir, und deshalb auch in dieses Buch. Ich teile ja nicht mein Leben mit den Reborn Babys, wie die Zeitschriften gerne in den Titel schreiben, sondern ich bin ich und mein Hobby sind Reborn Babys.

Weihnachten im Juni?

Es war Ende Mai, als sich meine Freundin Sabrina Hergarten bei mir meldete. Sie fragte mich, ob ich mich an ihren Prototypen erinnere, von dem sie zwei Versionen machte, eine neugeborene und eine etwas ältere.

Klar, sagte ich. Ich wusste genau, welches Baby sie meinte. Als sie mir damals die Bilder zeigte, gefiel mir die neugeborene Version total gut. Es ist 50 / 56 cm groß und ein Mädchen. Sabrina sagte: „Gut, das wollte ich wissen, dann geht sie morgen auf die Reise zu Dir. Ich möchte sie dir schenken, sie passt in deine Nursery".

Ich war total neben der Spur und konnte nicht glauben, dass meine Lieblingsrebornerin mir ein Baby schenken möchte. Jonah bekommt doch noch eine kleine Schwester, die bei ihm im Klinikbettchen liegen kann. Lustigerweise habe ich im Klinikbettchen die Farben Weiß, Rosa und Hellblau gewählt, also eine Farbe für beide Geschlechter.

Eigentlich spekulierte ich auf das neue Olga Auer Baby aber ich wollte unbedingt ein Mädchen zu Jonah und für mich ist dieser Bausatz eindeutig ein Junge. Und nun, über Nacht, bekomme ich mein Mädchen - ich bin echt gesegnet.

Ihr müsst wissen, dass Sabrina und ich uns noch nie begegnet sind, aber seit vielen Jahren uns regelmäßig via Messenger schreiben. Ich bin ganz aus dem Häuschen und auf der Suche nach einem Mädchennamen…..

Er muss zu Jonah passen. Ich durchstöberte all die englischen Namenslisten und wurde fündig, durch den Tipp einer Youtuberin. Gleichzeitig suchte ich meine Mädchen Babykleider, die ich noch irgendwo versorgt hatte, in der Voraussicht, dass vielleicht doch mal wieder ein kleines Mädchen bei mir einziehen könnte.

Und ich fand mich wieder, in einer Schachtel wühlend, mit wunderschönen Mädchenkleidern in Grösse 50/56. Die meisten waren in Rosa. Ich war froh, dass ich die schönen Haarbänder von Lucy noch hatte.

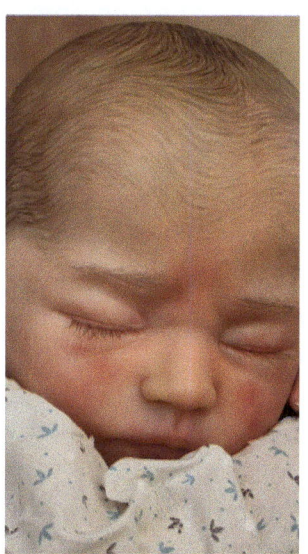 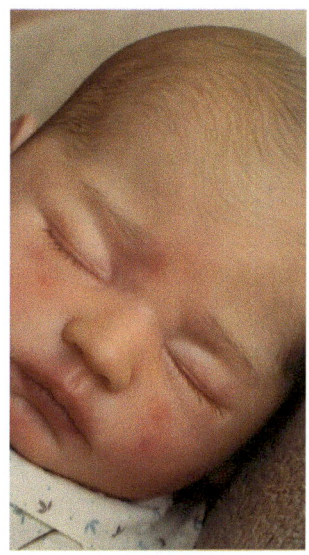

HERZLICH WILLKOMMEN KLEINE Anjuli.....

Bausatz „Lark" von Mayra Garza, rebornt von meiner Freundin Sabrina Hergarten Deutschland - Ein Geschenk des Himmels

Scarlett geniesse ich vorerst für mich

Wie alle wissen, habe ich Jakob zur Adoption freigegeben. Er lag in den letzten Monaten in seinem Stubenwagen und ich habe nichts mit ihm gemacht. Keine Ahnung warum. Ich glaube, ein Teil war, dass ich ein schlechtes Gewissen hatte so ein teures Baby zu haben. Er ist jeden Rappen/Cent wert, aber ich finanziere die Nursery von dem Geld, welches ich zum Geburtstag/ Weihnachten bekomme oder wenn ich etwas aus der Nursery verkaufe.

Ich erfuhr durch Zufall von diesen Silicone Babys aus China.
Die sind günstiger und auch nicht Ecoflex 20, sondern aus Liquid Silicone. Also ganz weich. Da kann man in den Kopf oder den Körper drücken. Sie sind von der Qualität her nicht mit den Babys aus Europa oder mit Jakob zu vergleichen. Aber ich habe mich erkundigt, sie sind weder giftig, noch riechen sie. Und für den Preis, den ich bezahlte, konnte ich mit gutem Gewissen dieses Risiko eingehen. Ich wollte herausfinden, wie diese Babys sind und ob sie eine günstigere Alternative darstellen.

Ich habe sie extra ungefärbt bestellt. Denn, keine Färbung ist immer noch besser als eine schlechte Färbung. Sie wird etwas bleich sein, dachte ich. Aber mit toller Kleidung und Accessoires, wird man es nicht groß merken. Ich sah schon Fotos, von ungefärbten Silikonbabys.

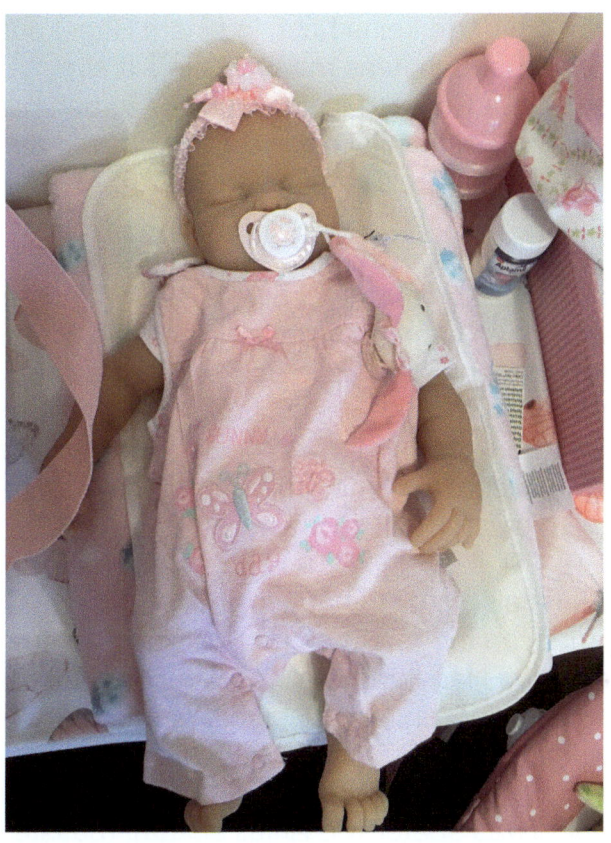

Sie kam etwas später an als Anjuli, hatte sie aber vorher schon bestellt gehabt. Ich habe sie mit Spannung ausgepackt. Sie war ganz weich, etwas bleich aber sah recht Baby like aus. Sie hat ganz speckige Beinchen, speckige Arme, wiegt 3.7 Kg und ist 47 cm gross.

Wenn sie angezogen ist, sieht sie sehr süss aus. Ich kann sie baden, pudern und habe ein kleines Mädchen, für das ich nun Babykleider kaufen kann. Ich habe sie aber viele Wochen nicht gezeigt und sie einfach für mich genossen. Ich hatte keine Lust, in einem Hagel aus Vorwürfen zu landen, was mir wohl einfällt ein Silikonbaby aus China in meine Nursery zu nehmen. Nochmals, sie ist definitiv nicht ein Silikon, wie die aus Europa aber ihren Preis ist sie wert.

In der Situation, in welcher ich im Moment bin, ist sie das richtige Silikonbaby für mich. Eines, das ich mit gutem Gewissen haben kann, falls Jakob eine neue Mami/Papi findet. Im Moment, geht es in den Facebook Gruppen echt gemein zu. Ich hatte keine Lust, die nächste zu sein, die wieder dran kommt. Ich werde sie also immer zur Seite legen, wenn ich filme, da ich noch nicht bereit bin mich der „Welt an Kritik zu stellen".

Scarlett kam also an, ich habe sie ausgepackt, ausgezogen, an ihr gerochen und sie begutachtet. Ich war erleichtert. Hab ihr im Bad im Waschbecken ein Babybad eingelassen, sie ausgiebig gebadet, abgetrocknet, gepudert und in Babykleider gesteckt.

Da sie nur etwas später wie Anjuli ankam, musste ich eine Lösung finden, um etwas wie eine Baby Girl Ecke zu zaubern. Als ich dieses Überraschungsgeschenk von Sabrina bekam, war sie schon auf dem Weg. Ich hatte plötzlich das Glück, zwei kleine Mädchen zu Annie zu haben. Also stellte ich um. Eine meiner Lieblingsbeschäftigungen……

Parallel filme ich die Momente mit Scarlett und lade es wohl erst gegen Ende Jahr hoch, wenn mein Buch erscheint.

Das ist meine Scarlett und die neue Girl Ecke.

Sie hat eigentlich einen geschlossenen Mund, es hätte sie auch mit offenen Mund gegeben. Aber das sieht bei Silikonbabys oft aus, wie ein Froschmund (meine Meinung). Da sie für mich eh ein Experiment ist, habe ich einen Cutter genommen und einen feinen Schlitz zwischen ihre Lippen gemacht, damit der Schnuller hält. Wenn sie keinen Schnuller im Mund hat, sieht man ihn nicht und der Mund ist zu. Ich bin zufrieden, dass mir dies gelungen ist.

Beide Mädchen sind mittlerweile gut angekommen und ich bin noch auf der Suche, nach einem schönen Platz für die zwei. Ich habe einen Traum von Stubenwagen in weiß/rosa bei eBay entdeckt. Der wäre perfekt für meine Mädchen. Aber ich weiß nicht, ob ich es riskieren soll. Hier wäre es vom Platz her kein Problem aber ich weiß auch nicht, wie lange wir hierbleiben. Ich warte ab.

Wie gehts weiter in der Nursery und in meinem Leben?

Ich fühl mich wohl, wenn ich in meiner Nursery sitze. Wenn ich die Babys sehe, an meinem Buch schreiben darf oder häkle. Das ist Hobby, Freizeit und Seelennahrung.

Daneben arbeite ich relativ viel im Moment, was gut ist. Aber ich mache mir Sorgen, was nächstes Jahr wird. Im Januar, 7 Jahren nach der Scheidung, fällt mein Teil an Alimenten weg. Ich muss neue Wege einschlagen. Ich bin auf der Suche nach einem Zusatzjob und hoffe, meine bisherige Arbeit kann etwas ausgebaut werden.

Heute ist es leider so, dass man 25 Jahre alt sein soll, mit 20 Jahren Erfahrung. Wenn man mit über 50 nicht gut eingebettet ist, hat man es schwer, auf dem Arbeitsmarkt einen neuen Job zu finden.

Ich mache mir Sorgen, wie es weitergehen soll, und zerbreche mir den Kopf über mögliche Lösungen. Es raubt mir oft den Schlaf und macht mir echt Sorgen. Dann mache ich mir viele Gedanken, wie es einmal sein wird, wenn zuerst mein älterer Sohn das Haus verlässt.

Irgendwann dann mein zweiter Sohn…

Ich gehöre leider zu den Frauen, die ganz fest an diesem Empty-Nest-Syndrom leiden. Ich war all die Jahre von ganzem Herzen Mutter. Nichts war wichtiger auf dieser Welt. Ich habe meinen Tagesablauf und auch das Arbeiten so gut es ging nach meinen Jungs gerichtet und das würde ich jederzeit wieder tun. Nur denke ich, haben alleinerziehende Mütter andere Herausforderungen zu bewältigen als Mütter, die in einer Ehe leben.

Die müssen zwar auch damit klar kommen, dass ihre Kinder flügge sind, aber sie haben noch einen Partner. Dort ist wohl eher die Herausforderung, wieder in den Paaralltag rein zu kommen. Ich muss hingegen lernen, eines Tages, wieder alleine leben zu müssen. Ich lebte vor meiner Heirat 6 Jahre alleine, in einer gemütlichen 2 Zimmerwohnung mit kleiner Küche, einem Bad und einem riesigen Balkon. Ich fuhr einen Sportwagen und hatte einen absoluten Traumjob.

Mein Leben war erfüllt und ich war glücklich. Ging jeden Tag zur Arbeit, die mir Spaß machte und arbeitete viel und lang. Hatte aber nie das Gefühl, ich muss zur Arbeit.

Es machte Spaß und ich habe unglaublich viel gelernt und erlebt.

Dann hab ich geheiratet, die Kinder kamen und ich habe eine ganz neue Welt kennengelernt. In der Rolle als Mutter, habe ich meine Erfüllung gefunden. Und nun Stück für Stück, „verliere" ich meinen damals neu gefundenen Traumjob.

Das ist hart und tut weh. Da nützen einem so tolle Ratschläge wie „Das machen alle Mütter durch" oder „Das ist ganz normal, das geht vorbei" überhaupt nicht. Man fühlt sich alleine und nicht ernst genommen. Aus Erfahrung weiss ich, dass man eh alleine durch muss und seinen Weg irgendwie auch alleine finden und schlussendlich auch beschreiten muss.

Ich schäme mich nicht, zu sagen, dass es mir Angst macht. Dass es mich jetzt schon unendlich viele Tränen gekostet hat, auch wenn ich weiss, dass die Jungs glücklich sind und ihren Weg gehen werden. Ich hoffe ich habe noch etwas Zeit…

Andere lernen eine neue Sprache, fangen an Tennis zu spielen oder machen eine Reise nach der Anderen.

Ich suche einen Job, der mir meinen Lebensunterhalt sichert und für den ich gerne arbeiten gehe.
Ich will mir einen Traum erfüllen. Seit der Bausatz LIAM, von Bonnie Brown, auf dem Markt ist, lässt er mich nicht mehr los. Ich verfolge die diversen Videos und die verschiedenen Liam's, die überall auf dem Markt sind.

Ich habe mich gleich am Anfang in einen Liam verliebt, der noch etwas babyhaft rüberkommt und mich etwas an meine Jungs von damals erinnert. Den hätte ich gerne noch zum „Abschluss" meiner Nurserykinder. Es wären dann 7 Zwerge, eines war nicht geplant aber von ganzem Herzen willkommen geheissen - Sabrina's Geschenk.

Ich habe auch einen kleinen Liam in Aussicht und bin in engem Kontakt mit der Rebornerin. Sie macht ihn und ich darf am Schluss entscheiden, ob ich ihn gerne adoptieren möchte. Sie macht ihn sowieso und wir haben dieselbe Vorstellung, das ist wunderschön und ich kann Schritt für Schritt seine Entstehung mitverfolgen. Ich danke dir sehr, liebe Susana Poza Wahl.

Ich war heute arbeiten und sah in der Pause, dass die neue Mami von Jakob abgesagt hat. Ich war so dumm und habe ihn reserviert, ohne Anzahlung. Nun sitze ich hier, habe das Geld nicht, mit dem ich gerechnet habe und ich frage mich, ob er bald eine neue Mami findet. Ich ärgere mich über mich selbst, dass ich wieder mal so gutgläubig war.

Im Juli

Es ist Sommer und in mir drin ist es chaotisch. Ich habe in meinem Privatleben ein paar Dinge zum Ordnen, sortieren und begreifen können.

Das hat dann immer auch Auswirkungen auf meine Nursery. Ich habe sie wieder einmal umgestellt und nach dem ganzen hin und her auch beschlossen, dass Jakob vorläufig hierbleibt.

Für mich fühlt es sich stimmig an, ihm einen neuen Namen zu geben. Er wird Logan heissen. Mal sehen, ob er für immer bleibt. Vielleicht findet sich per Zufall eine neue Mami, die ihn in ihr Herz schließt und ihn gern haben möchte. Oder vielleicht findet er auch einen neuen Papi.

Dann habe ich Annie die Haare zum ersten Mal, seit Jahren, gewaschen. Ich fand sie schmutzig und staubig. Also habe ich im Rahmen eines Videos ihr die Haare gewaschen. Ich war mit ihr im Badezimmer und plötzlich fiel, während des Haarewaschens, Annie's Kopf ab.

Wir filmten weiter, um zu zeigen, dass solche Sachen eben passieren können. Es ist nicht schlimm, man kann den Kopf mit ein oder zwei Kabelbindern einfach wieder befestigt. Ich bekomme öfters Anfragen, ob man selber einen abgefallenen Arm wieder anmachen kann. Oder ob man dem Rebornbaby einen Schnuller mit Magnet selber montieren kann. Deshalb habe ich die Panne im Video drin gelassen, um den Menschen etwas die Angst zu nehmen. Annie geht es wieder gut und ihre Haare sind toll geworden.

Das Wochenende vom 7. und 8. Juli verbrachte ich mit meinen zwei Jungs im Europapark und wir übernachteten auch dort. Ich nahm einen Weekend Koffer mit und packte George ein. Ich nahm Wolle zum Häkeln und meinen Laptop mit und freute mich riesig auf dieses Wochenende.

Der Europapark erinnert mich an ganz viele schöne Momente mit meinen Jungs, als sie noch klein waren. Wir hatten immer, seit es dieses Angebot gab, die Jahreskarte und wir gingen so oft wie möglich hin. Sie kannten, als sie größer wurden, den Park in- und auswendig.

So konnten wir sie dann auch als Brüder alleine auf Entdeckungsreise lassen und uns eine Stunde später zum Eis essen irgendwo treffen.

Deshalb wird dieser Ort für mich immer eine ganz besondere Reise wert sein. Wir bezogen also unser Zimmer im El Andaluz und gingen in den Park. Es hatte Leute ohne Ende, aber wir genossen einfach die Atmosphäre, die dieser Park ausstrahlt.

Abends gingen wir fein Essen und am Sonntag an den nahe gelegenen See baden. Wir brachen am frühen Nachmittag auf und fuhren über die Landstrassen heim.

Es war wunderschön, aber ich bin am liebsten zu Hause und deshalb ist es mir auch so wichtig, dass ich gemütlich wohne. George blieb im Zimmer, es hatte zu viele Leute, um filmen zu können.

Ich hole Liam von Bonnie Brown ab….

Es war ein sonniger, heisser Tag im Juli. Ich fuhr nach Freiburg, weil ich mich dort mit der Rebornerin Susana Poza Wahl traf, um meinen Liam in Empfang zu nehmen.

Er lag in einer großen Schachtel in eine flauschige Decke gewickelt im Kofferraum ihres Wagens und schaute mich an, mit seinen blauen Kulleraugen und mein Herz war verloren. Ich nahm ihn hoch und trug ihn quer durchs Klinikgelände zum Auto. Es kamen uns viele Menschen entgegen, aber niemand merkte wohl, dass er ein Reborn war. Es gab keine komischen Blicke. Im Auto setzte ich ihn auf ein Kissen auf den Vordersitz und fuhr heim. Er ist perfekt.

Er hat ein Skelett im Körper, was heißt, er kann mit diesen „Plastik-Drähten" besser sitzen. Er kann sogar sein Spielzeug halten und sein Kopf fällt nicht nach vorne oder hinten. Zum Tragen schmiegt er sich wunderbar an den Körper an. Ich persönlich finde dies eine gute Sache bei Toddlern mit einer bestimmten Größe.

Ich kann es mit Annie vergleichen. Sie ist gleich gross aber schwabbelt immer so hin und her, wenn man sie hochhebt. Er ist wunderschön. Liam wurde super realistisch gefärbt und ist im Moment ein Glazzi.

Vielleicht lasse ich ihm irgendwann mal Haare painten, dass weiß ich noch nicht. Kommt drauf an, ob es Sabrina machen würde…

Er hat einen Charakter Kopf ohne Gleichen. Ich bin mehr als glücklich, nun einen grösseren Toddler in meiner Nursery zu haben. Ich habe lange nach einem Lausbuben gesucht und als der Bausatz rauskam, war ich hin und weg und wusste „DAS IST ER!"

Ich habe vor, mit Liam so eine Video Reihe zu drehen und ihn bewusst in meinen Alltag zu integrieren. Liam Fans ihr könnt Euch freuen.

Liam in Love

Liam lag zuerst im Bettchen von George. Dann kam mir die Idee, den zweiten Welpenlaufstall in ein Babybettchen für Liam umzubauen. Unten sind nun Schachteln mit Liam's Kleidern und Schuhen etc. Oben ist eine große Decke als Matratze, das passende Kissen und eine Wolldecke.

Darauf der Wickelaufsatz vom Wickeltisch, so dass ich Liam dort umziehen kann. Das Mobile rundet alles ab. George hat nun wieder die Zewi Decke im Bettchen und jeder hat sein Reich.

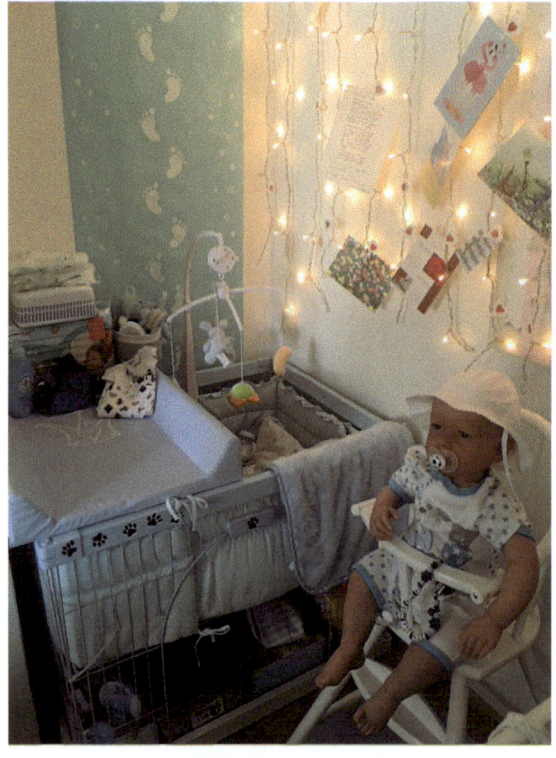

Ich habe das unglaubliche Glück, eine Freundin wie Sabrina Hergarten zu haben. Sie ist einfach eine ganz liebevolle und verständnisvolle Frau. Sie verurteilt niemandem und ist immer da, wenn man sie braucht. Sie ist so lieb und paintet meinem Liam die Haare. Ihr wisst, ich bin ein Haarpainting Fan von ihr.

Liam ist von Susanna so schön gemacht worden, sie hat die Arme und Beine und den Kopf so für mich perfekt hinbekommen dafür bin ich ihr immer dankbar und auch für die Arbeit die sie in Liams Körper steckte mit dem Skelett. Nun wird er noch schöner durchs Haarpainting. So ist er für mich einfach der Junge, den ich mir so lange gewünscht habe.

Dieses Jahr möchte ich einfach meine Babys optimieren. Für George und Julien lasse ich neue Körper nähen. In Hautfarbe, mit Armverlängerung aber keine Verlängerung an den Beinen. Mein gebastelter Körper von Julien, hat sich bewährt.

Ich freue mich so, dass meine Herzenskinder/Reborns dann so sind, wie ich sie mir wünsche. Manchmal braucht es einen zweiten Anlauf und eine Freundin wie Sabrina. Und nicht zu vergessen, Manuela Svoboda. Sie hat mir zwei wunderschöne Körper für George und Julien genäht, auch da von Herzen Danke!

Dieses Jahr steht wohl im Zeichen des großen Umbruchs in meiner Nursery. Die, welche ich habe, möchte ich optimieren und ich habe endlich nach Jahren einen grösseren Jungen gefunden.

Dann kam natürlich auch wieder das Umstellen der Nursery. Aber das ist ja das Schöne. Man ist nie fertig bei diesem Hobby und für mich ist es pure Erholung, wenn ich in meiner Nursery kreativ sein darf. Ich habe nun auch ein Template von Raffi, für ebay. So, dass ich meine Häkelarbeiten und mein Buch anständig anbieten kann. Inzwischen kam ein weißer Stubenwagen an, den ich aber wieder in die Originalschachtel legte und zur Seite stellte.

August interner Umzug und Pause

Liams Bettchen ist nicht mehr dort, wo es vorher stand, es liegen jetzt für eine Weile alle Jungs in Georges Bett. Liam, George, Julien und Jonah.

Ich habe eine persönliche Krise und brauche etwas Zeit für mich. Die Reborn's warten so lange, bis es mir wieder besser geht. Das ist auch das Schöne an dem Hobby.

Mittlerweile habe ich mein Zimmer mit meinem jüngeren Sohn getauscht. Ich fühlte mich verloren in diesem grossen Zimmer. Da ich meine Sachen ausgemistet habe, ist für mich jetzt genug Platz in seinem Zimmer. Er geniesst es, sich in meinem ehemaligen Zimmer auszubreiten.

Er steht noch am Anfang seines Lebens und da hat man viele Sachen und Träume, wie das Bett quer in die Mitte des Zimmers zu stellen.

Es ist mittlerweile Ende August und Liam's Kopf ist unterwegs zu seiner Patentante Sabrina. Er bekommt endlich sein Haarpainting. Ebenso ist Logan auch mitgegangen, auch er bekommt von Sabrina Haare gezeichnet. Egal ob er bleibt oder nicht, mit Haarpainting ist er perfekt.

Auch der weisse Stubenwagen ist wieder ausgepackt und die kleine Scarlett liegt drin. Sie bekommt dieses Jahr noch Farbe und damit Leben eingehaucht. Aber eines nach dem Anderen, Stück für Stück.

Es geht mir besser! Ich konnte vieles regeln, was mir auf dem Magen lag und ich habe die Auszeit genossen. Bald gibt es wieder Videos von mir. Danke für Eure Geduld und Euer Verständnis.

Sobald dann die kleine Scarlett wieder zurück ist, frisch gepaintet, lade ich mein Etappenvideo hoch und zeige sie euch. Wieso sollte ich sie verstecken? Jeder kann in seiner Nursery haben, was er will. Und ich war heute beim Friseur. Das hat mir auch gutgetan. Ich konnte den Schnitt nicht mehr sehen. Alle Haare waren genau gleich lang. Jetzt sind sie gestuft, das ist mehr meins.

September Liam und Logen
kommen zurück...

Der September hat begonnen und Liam und Logan
kamen zurück von Sabrina Hergarten. Ich bin
überwältigt. Liam ist „älter" geworden in den paar Tagen
bei seiner Patentante. Das Haarpainting lässt ihn älter
erscheinen und genau das habe ich mir gewünscht.
Einen größeren Jungen in meiner Nursery.

Er sieht jetzt aus wie ein richtiger Lausbube. Logan sieht
aus wie ein Newborn, wie ich ihn mir vorgestellt hatte.

Egal ob er bleibt oder weiterzieht, er ist jetzt vollkommen. Dann war ja noch dieser Rummel um Scarlett. Ich habe sie ja in einem Video gezeigt und dann ging es los. In gewissen Gruppen, wo über Sabrina geschimpft wurde, weil ich sagte, sie würde sie mir painten.

Nicht alle haben das Glück, eine Freundin wie Sabrina zu haben. Sie macht einem einen Gefallen bzw. eine Freude, ohne daran zu denken, was dies wohl jetzt wieder auslösen könnte. Mein Ziel für dieses Jahr war, meine Babys zu optimieren. Das ist mir total gelungen. Im Moment sind wir zu acht in der Nursery. Das ist längst über meinem Limit, aber es hat sich einfach so ergeben. Ich bin ein totaler Liam Fan geworden. Nun ja, im Moment hat trotzdem noch jeder sein Plätzchen. Ich muss sie nicht stapeln, wenigstens das. Gerne zeige ich Euch die Fotos meiner Kleinen nach der Verwandlung, sobald sie wieder da ist.

Dann war ja noch ein kleiner, weiterer interner Umzug. Ich tauschte das Zimmer mit meinem jüngeren Sohn. etc. Die Schränke haben wir nicht getauscht, weil wir intern im Haus eventuell umziehen können und dann kommen die richtigen Schränke auch an den richtigen Ort, ich bin bereit.

OKTOBER: DIE NURSERY WIRD UMGESTELLT; MINI NURSERY KOMMT etc.

Mittlerweile ist es Oktober geworden und vieles hat sich wieder verändert. Letzten Samstag habe ich nicht gearbeitet und wir waren zu dritt zu Hause. Wir haben nun doch die Schränke getauscht. Julien hat nun wieder seine und ich meine. Wir haben beschlossen, dass wir vorläufig in dieser Wohnung bleiben und machten nun doch die Schränke ins richtige Zimmer, es hat sich so was von gelohnt.

Meine Nursery ist ein richtiges Shabby Chic Zimmer geworden.

Sicher ist einigen aufgefallen, dass Anjulie nicht mehr da ist. Sabrina hat mir damals gesagt, ich dürfe sie auch zur Adoption frei geben. Es war einfach so, dass ich zu viele hatte. Ich suche nun doch auch für Logan eine neue Mami. Ich möchte einfach weniger Babys und Anjulie kam, als Scarlett schon unterwegs war und ich habe mich für Scarlett entschieden. Ich möchte gern noch ein Silikonbaby zum Baden hier haben, wenn Logan ausgezogen ist.

Ich hab sie aber nicht einfach in ebay oder so versteigert, das hätte ich nie gemacht. Nein, sie ist bei einem ganz wunderbaren Reborn Papi.

Er hat es eh schwer, irgendwo ein Reborn Baby zu kaufen, ohne nicht irgendeine erfundene Geschichte erzählen zu müssen. Er hat mich mal angeschrieben und nun sind wir via whatsApp in Kontakt. Er war der absolut richtige für Anjulie und ich bin ihre Patentante.

Ich weiss, dass dies auch für Sabrina so in Ordnung ist. Jetzt warte ich gespannt, bis Scarlett zurückkommt. Ihr Babysitter in Rosa ist schon parat.

Daneben mache ich auf meinem Wickeltischauszug eine Mini Nursery parat. Ich möchte das neue Olga Auer Baby haben. Sie ist 30 cm groß und Sabrina Hergarten reborn sie mir. Als ich von Olga Auer zum ersten Mal Fotos sah, von diesem kleinen Engel, wusste ich, den muss ich haben.

In Anneliese Meier Böhmchen fand ich eine ganz liebe und sehr talentierte Frau, die ganz tolle Sachen macht. Auch für die ganz kleinen Babys. Sie machte mir z.B. dieses hübsche Bettchen und die Wickelmatte.

Sie strickt und näht mir noch Kleidchen für die Kleine. Ich bin hin und weg. Sie macht das mit so viel Liebe und Geschmack, ich schmelze dahin. Ich selber häkle auch für die Kleine. Hab ihr Jäckchen und Käppchen gehäkelt und diese Wickeltasche, die am Baum hängt.

Nun bestellte ich noch 20 kleine Puppenbügel und dann kann ich die Kleider aufhängen. Es macht so Spaß, all diese Sachen zusammen zu suchen. Eine weitere sehr talentierte Frau, die auch so Mini und große Sachen näht, fand ich in Manuela Küper.

Ein Besuch auf Ihrer Facebookseite (Creare Page) lohnt sich immer.

Neue Nursey

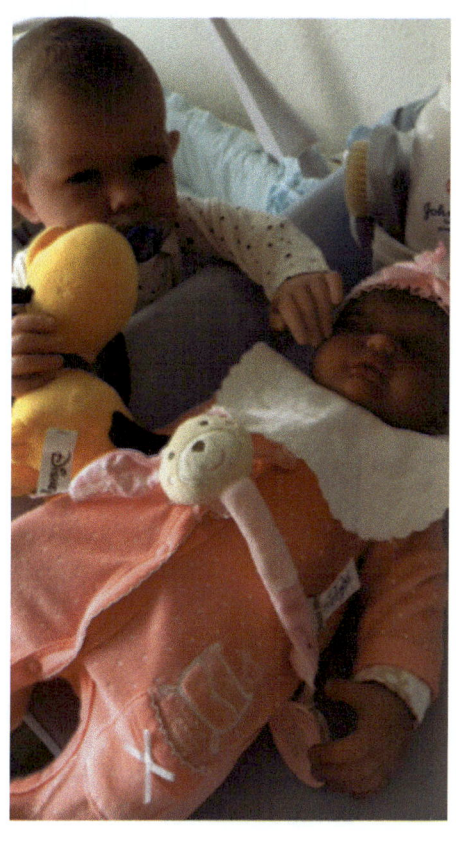

Liam
Scarlett

Scalett kam von Sabrina Hergarten zurück. Sie machte ihr ein Neues, sehr realistisches Hautbild und paintete ihre Haare. Ich bin glücklich, dass sie nun wieder hier ist und ich ein Silikonmädchen habe. Dieser Versuch hat sich doch gelohnt, auch wenn ich viel Kritik einstecken musste.

Sabrina hat mir diesen Wunsch erfüllt, in dem sie die Kleine ge-rebornt hat, obwohl sie nicht von ihr war.

Eine Reborn Freundin wie Sabrina zu haben, ist ein Geschenk!

Adventszeit und Apero

Mit ein paar Zeilen und Fotos, schliesse ich Mitte November dieses „Sabine Nursery 2018 Büchlein" ab, damit es vor Weihnachten erhältlich ist.

Es war in vieler Hinsicht ein sehr bewegtes Jahr, mit vielen Höhen und Tiefen. Rückblickend, habe ich, was die Nursery betrifft, meine Schränke weiss gemalt, bin in ein kleineres Zimmer gezogen, habe eine Reborn Boutique Ecke in einer Garage eröffnet und wieder geschlossen.

Habe eine eigene Rebornbaby Häkelkollektion, eine Homepage, zwei Büchlein geschrieben und meine bestehenden Rebornbabys vervollständigt. Sei es mit neuen Körpern, wie bei George und Julien oder mit Haarpaintings, wie bei Jakob/Logan und bei Liam.

Jacob/Logan fand einen Reborn Papi und wartet im Körbchen auf die Reise.

Da meine Kollegin ihre Shabby chic Boutique leider nicht mehr im Hause hat, sondern nur noch die in der Garage, werde ich wohl meine Reborn Sachen wieder nach oben nehmen und in einer Kommode verstauen.

Vorher gibt es am November Apero einen Totalausverkauf von Stramplern und Bodys, zu sehr günstigen Preisen. So, dass ich hoffentlich nur noch die Reborn Häkelkollektion mit nach oben nehmen muss.

Ja es tut weh den Traum einer kleinen Reborn Boutique Ecke aufgeben zu müssen. Ich werde weiterhin an meiner Reborn Baby Häkelkollektion arbeiten und diese ausbauen. Ich werde die Sachen in diversen Gruppen posten und hoffe so Reborn Mamis erreichen zu können. Auch ohne Raum werde ich im neuen Jahr versuchen, Events zu organisieren wie Spaziergänge etc. Ich freue mich auf viele Gleichgesinnte im neuen Jahr!

Es kamen ganz tolle Frauen aus der Umgebung und ich bin dankbar, dass ich sie kennen lernen durfte. Die letzten Fotos die ansatzweise etwas aus meiner Boutique zeigen....
ich schaue mit Wehmut zurück....

Aktuell sind es also in meiner Nursery Stand November 2018
*Toddler Liam
*Toddler George
*Toddler Annie
*Silicone Baby Scarlett
*Reborn Baby Jonah
*Reborn Baby Julien
*Silicone Baby Jakob der auf seinen Papi wartet

Was möchte ich für's neue Jahr?

Als ich die Fotos für's Buch und die Weihnachtskarten machte, und alle 6 umziehen musste, dachte ich, zwei würden auch reichen. Ein Toddler und ein Baby.

Ausblick auf 2019

Vor ein paar Tagen kam meine Mini Nursery aus Holz an. Es ist ein Pflege Center für Puppen bis etwa Grösse 56. Für mich ist es die Mini Nursery wo ich die ganz kleinen Babys habe. Es hat alles in einem Würfel integriert. Babybett. Wickeltisch, Badewanne, Schrank. Esssitz und zwei grosse Körbe.

Bei mir wird Weihnachten ein 25 cm Silicone Babymädchen aus Amerika einziehen…
Also ein grosses Thema im 2019 wird die Mini Nursery sein mit ihren vielen Fassetten. Dann mein neues Jahrbuch 2019, Häkelkollektion auch für ganz kleine und vieles mehr.

Meine Lieben

Dieses Büchlein ist ein schöner Rückblick auf ein sehr lebendiges Jahr in meiner Nursery. Es gab einige Änderungen, sei es räumlich oder auch von den Babys her. Ich liebe es, an diesen Jahresbüchlein zu schreiben. Später kann ich nachlesen, was sich in welchem Jahr in meiner Nursery verändert hat.

Es gibt immer viele neue Sachen und Veränderungen. Ohne diesen Rückblick könnte ich später nicht mehr so nachvollziehen, was wann passiert ist.

Ich danke Euch von Herzen, für eurer Teilnahme an meinem Leben. Sowohl innerhalb wie auch ausserhalb meiner Nursery. Danke fürs Schauen meiner Samstagabend 19 Uhr Videos auf Youtube und für all Eure Facebooklikes und Kommentare.
Auf ein neues, schönes 2019 mit unserem tollen Hobby.

Bedeutende Stationen meiner Nursery

- Januar 2018 kam Silicone Baby Jacob/Logan zu mir.

- Februar 2018: Eine zweiseitige Reportage in der Zeitschrift LISA

- März 2018: Aufnahmen zu einem Video Portrait im Blick mit Ausstrahlung im April

- 24. April kam Reborn Baby Julien in meine Nursery

- 29. April 2018 Eröffnung meiner Reborn Boutique Ecke /Müttertreff

- 2. Mai 2018 eine weitere Reportage in der Zeitschrift: Lust auf mehr

- 3. Mai 2018 meine komplett überarbeitete Homepage ist online und die Kärtli sind auch schon verfügbar

- Juni 2018 kam Anjuli zu mir als Geschenk von Sabrina Hergarten und wenig später Scarlett

- Juli 2018 Krise und Einzug LIAM Bonnie Brown

- September 2018 Liam, Logan und Scarlett kommen zurück mit neuem Painting… Oktober interner Umzug Nursery, Reborn Papi, Boutique Ende

Ich bin Sabine von Sabine'sNursery, 52 Jahre alt und habe zwei Söhne 21 und 17 Jahre alt.

Mein Hobby sind Reborn Babys und das Filmen mit ihnen für Youtube. Dieses Buch gibt Euch Einblicke in mein Jahr rund um die Reborn Nursery und lasst Euch ein wenig teilhaben an meinem Leben.

Mein Hobby hat viele Facetten und die lebe ich aus.

Ich habe eine eigene Reborn Baby Häkelkollektion, organisiere Events rund um Reborn Babys/ Müttertreff und ich schreibe seit diesem Jahr jedes Jahr ein Buch mit Jahresrückblick.

Eure Sabine von Sabine'sNursery

https://www.youtube.com/c/SabinesNursery